15 Février 1892

VENTE DU LUNDI 15 FÉVRIER 1892

HOTEL DROUOT, SALLE Nº 3

MONNAIES ANTIQUES

DU

MOYEN-AGE ET MODERNES

Faïences et Porcelaines

MEUBLES ET BRONZES

Objets variés

EXPOSITION PUBLIQUE

LE DIMANCHE 14 FÉVRIER 1892

DE 1 HEURE 1/2 A 5 HEURES 1/2

COMMISSAIRE-PRISEUR

Mᵉ PAUL CHEVALLIER

10, rue de la Grange-Batelière, 10

EXPERTS

POUR LES MONNAIES	POUR LES OBJETS D'ART
MM. ROLLIN & FEUARDENT	**M. CH. MANNHEIM**
4, place Louvois, 4	7, rue Saint-Georges, 7

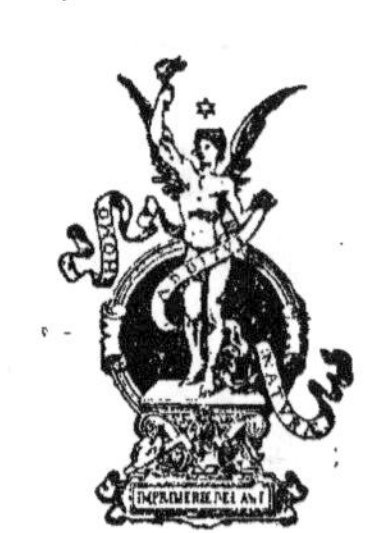

CATALOGUE

DES

MONNAIES ANTIQUES

DU MOYEN-AGE ET MODERNES

FAIENCES ET PORCELAINES

MEUBLES ET BRONZES

Objets variés

DONT LA VENTE AURA LIEU

HOTEL DROUOT, SALLE Nº 3

Le Lundi 15 Février 1892

à deux heures

COMMISSAIRE-PRISEUR

Mᵉ PAUL CHEVALLIER

10, rue de la Grange-Batelière, 10

EXPERTS

Pour les Monnaies :   Pour les Objets d'art :

MM. ROLLIN et FEUARDENT   **M. CHARLES MANNHEIM**

4, place Louvois, 4   7, rue Saint-Georges, 7

EXPOSITION PUBLIQUE

Le Dimanche 14 Février 1892, de 1 heure 1/2 à 5 heures 1/2

CONDITIONS DE LA VENTE

La vente sera faite au comptant.

Les adjudicataires paieront *cinq pour cent* en sus des enchéres.

L'Exposition mettant le public à même de se rendre compte de l'état des objets, il ne sera admis aucune réclamation une fois l'adjudication prononcée.

Paris. — Imprimerie de l'Art, E. Ménard et Cie, 41, rue de la Victoir

DÉSIGNATION DES OBJETS

ANTIQUITÉS

1 — Grande urne en bronze, de l'époque gallo-romaine.

2 — Deux haches en pierre.

3 — Bracelet et fragments. Bronze.

4 — Fibule, deux pointes de lance. Bronze.

5 — Lot de clefs en fer.

6 — Divers objets du Moyen-Age, etc.

MONNAIES ANTIQUES

MOYEN-AGE ET MODERNES

7 — *Philippe II,* roi de Macédoine. Statère. OR.

8 — *Vespasien.* ℟ Neptune. OR.

9 — *Pompée, Jules César.* 2 pièces. AR.

10 — *Marc-Antoine* et *Cléopâtre*, *Antoine* et *Octave.* 2 pièces. AR.

11 — *Lépide* et *Octave.* AR.

12 — *Caligula, Néron.* 3 pièces. AR.

13 — *Claude.* 2 pièces variées. AR.

14 — *Galba. Othon. Vitellius.* 3 pièces. AR.

15 — *Macrin, Balbin.* 2 pièces. AR.

16 — *Dide Julien*, M.B., *Marius.* P.B. 2 pièces.

17 — Monnaies grecques. 13 pièces. As et divisions. 18 pièces. Bronze.

18 — Monnaies consulaires. 33 pièces. AR.

19 — Monnaies impériales. 30 pièces. AR.

20 — Monnaies impériales. 81 pièces. Billon.

21 — Grands bronzes romains. Environ 200 pièces.

22 — Moyens bronzes romains. Environ 160 pièces.

23 — Petits bronzes romains. Environ 500 pièces.

24 — Lot de médailles fausses. Bronze.

25 — Lot de monnaies gauloises argent Marseille. Éduens, Séquanes, etc. 8 pièces.

26 — Idem. 8 pièces.

27 — Idem. 9 pièces.

28 — Lot de monnaies gauloises en bronze. 12 pièces.

29 — Demi-statère des *Arvernes* et un monétaire de *Chalons-sur-Saône.* 2 pièces. OR.

30 — *Philippe VI*, écu, *Jean*, franc à cheval. *Charles V,* franc à pied. 2 pièces. Lot de 4 pièces d'or.

31 — *Charles VI*, écu (2 pièces), et agnel. 3 pièces d'or.

32 — *Henri VI*, salut (2 pièces). *Charles VII*, écu d'or. 3 pièces d'or.

33 — *Louis XI*, écu. *Charles VIII*, écu (3 pièces). Lot de quatre pièces d'or.

34 — *François Ier*, écu de France et écu du Dauphiné. 3 pièces d'or.

35 — *Louis XIII*, louis et demi-louis. *Louis XIV*, louis. 4 pièces d'or.

36 — *Louis XVI*, double louis et louis. 5 pièces d'or.

37 — *République*, louis. *Napoléon, Marie-Louise, Jérôme Napoléon*, 20 fr. 5 pièces d'or.

38 — Florin d'*Arles* de *Jean de Bohême* et d'*Aragon*. 3 pièces d'or.

39 — 10 pièces d'or étrangères : *Hollande, Arabe*, etc.

40 — Jeton d'or octogone de *Louis XVII*.

41 — *Charlemagne, Louis le Débonnaire, Charles le Chauve, Louis III, Charles le Gros, Eudes, Charles le Simple, Lothaire, Conrad de Lyon*, deniers et oboles. 15 pièces.

42 — *Louis VI, Louis VII, Philippe-Auguste, Louis VIII*, deniers et oboles. 22 pièces.

43 — *Saint Louis, Philippe IV, Charles IV, Philippe VI*, gros tournois. 12 pièces.

44 — *Jean le Bon, Charles VI, Henri V* et *Henri VI* d'Angleterre, gros, demi-gros et blancs. 16 pièces.

45 — *Jean le Bon*, piéfort du gros à la fleur de lis. (H. H., n° 50.)

46 — *Charles VI* et *Charles VII*, gros et blancs. 19 pièces.

47 — *Louis XI, Charles VIII* et *Louis XII*, gros et blancs. 20 pièces.

48 — *François Ier*, testons et demi-testons. 5 pièces.

49 — *Henri II*, testons et demi-testons. 8 pièces.

50 — *Charles IX*, testons et demi-testons. 9 pièces.

51 — *Henri III*. Quart d'écu, huitième d'écu, francs, demi-franc, teston. 13 pièces.

52 — *Henri IV*. Quart d'écu, etc. 14 pièces.

53 — Blancs, gros, douzains, etc., des règnes précédents. 38 pièces.

54 — *Louis XIII*. Écu blanc. 2 pièces.

55 — *Louis XIII*. Quart d'écu et divisions de l'écu blanc. 14 pièces.

56 — *Louis XIV*. Type enfantin écu, demi-écu et quart d'écu. 9 pièces.

57 — *Louis XIV*. Buste du Parlement et buste vieux, écu et demi-écu. 9 pièces.

58 — *Louis XIV*. Petites divisions de l'écu. 23 pièces.

59 — *Louis XV*. Type enfantin, écu, demi-écu, quart d'écu. 8 pièces.

60 — *Louis XV*. Écu au bandeau et demi-écu. 4 pièces.

61 — *Louis XV*. Petites divisions de l'écu. 19 pièces.

62 — *Louis XVI*. Écu, demi-écu et petites divisions. 10 pièces.

63 — *Louis XVI*. Période constitutionnelle, écu et divisions. 9 pièces.

64 — *La République, Napoléon, la Famille de Napoléon*, etc., 5 fr. et divisions. 21 pièces.

65 — Lot de monnaies baronnales en argent. 9 pièces.

66 — Lot de monnaies baronnales en billon. 53 pièces.

67 — Gros au lion de Valeran III, frappé à Serain, et un autre gros d'imitation. 2 pièces.

68 — Gros lot de monnaies étrangères en argent et billon.

69 — Gros lot de monnaies de cuivre françaises et étrangères.

70 — Lot de jetons.

71 — Divers.

72 — Médaille de Nic. Brulart de Sillery.

73 — Lot de médailles d'argent.

74 — Lot de médailles de bronze.

75 — Lot d'assignats.

76 — *Flandres. Philippe le Bon.* Écu d'or au lion.

BIJOUX ANTIQUES

77-78 — Deux bagues antiques en or; l'une avec un génie ailé volant à gauche; l'autre avec une pierre gravée barbare avec divers attributs, corne d'abondance, etc.

FAIENCES ET PORCELAINES

79 à 82 — DELFT. Quatre assiettes à décor bleu, rouge et or, dans la manière japonaise : personnages, oiseaux, fleurs et habitations. Marque d'*Adrian Pynacker*.

83 — DELFT. Compotier godronné, analogue aux assiettes précédentes et de la même fabrique.

84 — DELFT. Trois assiettes et plats, à décors bleu et polychrome : fleurs et compartiments.

85 — Rouen. Jardinière-applique demi-circulaire, à décor polychrome à la corne.

86 — Rouen. Grand plat à décor rayonnant, en camaïeu bleu : lambrequin et rosace.

87 — Rouen. Bannette oblongue à deux anses, décor polychrome à la corne.

88 — Rouen. Fontaine d'applique polychrome, à décor de guirlandes. Le couvercle et le bassin manquent.

89 à 91 — Rouen. Dix cuvettes et compotiers à décor bleu ou polychrome : fleurs ou rosace.

92-93 — Rouen et Nevers. Cinq jardinières oblongues, à pans coupés, à décor bleu ou polychrome.

94-95 — Faïence de Lorraine. Onze assiettes à décor polychrome de Chinois, dont cinq à bords contournés, et six rondes.

96 — Strasbourg. Pot à eau couvert et sa cuvette, à décor polychrome et à reliefs : fleurs et hachures.

97 — Strasbourg. Deux soupières ovales couvertes, à décor polychrome de fleurs.

98 à 102 — Strasbourg. Cinquante-deux pièces, à décor de fleurs polychromes, dont quarante-sept assiettes et cinq plats ronds ou longs.

103 — Faïence française. Sept pièces : plats à barbe, saucière, jardinière cylindrique, gourde, burette et assiette, à décor polychrome de Nevers, Rouen, Moustiers, etc.

104 — FAIENCE FRANÇAISE. Onze pièces : bénitiers, écritoires, statuette de Vierge et cuvette à huit pans.

105 — FAIENCE FRANÇAISE. Quatre jardinières-appliques, à décor polychrome : fleurs ou oiseaux.

106-107 — FAIENCE FRANÇAISE. Huit assiettes à emblèmes révolutionnaires.

108 à 112 — FAIENCE FRANÇAISE. Soixante-six assiettes et écuelles de diverses fabriques, décor bleu ou polychrome.

113 — FAIENCE FRANÇAISE. Deux soupières, l'une couverte à emblèmes révolutionnaires, l'autre avec plateau en faïence blanche, à fleurs en relief.

114 à 116 — FAIENCE FRANÇAISE. Trente plats longs ou ronds, à décor bleu ou polychrome.

117 à 119 — FAIENCE FRANÇAISE. Dix-huit saladiers de diverses dimensions, à personnages et fleurs, dont un à emblèmes révolutionnaires.

120 — ROUEN. Fontaine avec bassin, à décor polychrome de lambrequins et montants quadrillés.

121 — Cinq pièces : quatre soucoupes Delft et saucière Moustiers.

122 — Huit pièces en faïence blanche.

123 — Deux tableaux en faïence : Marines.

124 — Deux plats en ancienne porcelaine de Tournai, fleurs en camaïeu bleu.

125 — Légumier couvert en porcelaine d'Allemagne, à fleurs.

126 — Coupe en porcelaine de Chine, à personnages ; monture en bronze.

127 — Deux assiettes en porcelaine du Japon, fleurs en bleu avec lumières en fer.

128 — Légumier en forme de botte d'asperges en porcelaine d'Allemagne.

129 — Dix-neuf bols et tasses sans anse en porcelaines diverses.

130 — Figurine en porcelaine de Saxe : Femme debout tenant une corbeille de fleurs.

131 — Autre : l'Enfant frileux.

BRONZES ET MEUBLES

132 — Statuette en bronze : l'Amour tirant de l'arc. Signé *Jean Debay*.

133 — Biche couchée en bronze. Signée *P. J. Mène*.

134 — Deux pièces : poignard et petit buste en bronze.

135 — Statuette en bronze : Figure allégorique. Signée *Jules Coutan*.

136 — Groupe en bronze : la Vierge et l'Enfant.

137 — Garniture de cheminée, bronze oxydé et onyx d'Algérie : pendule et deux candélabres.

138 — Deux torchères disposées pour le gaz, en métal.

139 — Deux appliques en bronze et cristaux.

140 — Lustre à douze lumières disposées pour le gaz, en cuivre.

141 — Six pièces en bronze : porte-montres.

142 — Secrétaire à abattant Louis XVI en acajou, avec portes et tiroirs ; garniture de cuivre et dessus de marbre.

143 — Table à ouvrage oblongue en bois noir, avec tiroirs et tablette d'entrejambes, dessus de marbre blanc ; garnitures de cuivre.

144 — Deux fauteuils à haut dossier, en bois, du xviiie siècle. Ils sont couverts en étoffe.

145 — Fauteuil Louis XV, en bois peint blanc.

146 — Jardinière en marqueterie de bois de rose et de bois de couleur, avec tablette d'entrejambes ; garnitures de bronze.

147 — Commode Louis XVI en marqueterie de bois de rose, à trois tiroirs dont un formant bureau au moyen d'un abattant.

148 — Commode à deux tiroirs, de style Louis XIV, en marqueterie d'ébène et de cuivre : chutes, poignées, sabots en bronze. Dessus de marbre.

149 — Écran en noyer et tapisserie au point à personnages.

150 — Deux pièces : vitrine carrée et meuble en bois noir.

151 — Vitrine à pans coupés sur table-console en noyer sculpté.

152 — Petite vitrine à pans coupés, en noyer sculpté.

OBJETS VARIÉS

153 — Éventail Louis XV, monture en ivoire ajouré, peint et doré ; sur la feuille, trois compartiments de sujets galants.

154 — Affiquet en argent, à figures et motifs rocaille.

155 — Petit vase en porcelaine de Locré émaillée bleu ; pied et guirlandes en bronze.

156 — Bénitier avec Christ en bois sculpté.

157 — Petite presse en marqueterie de bois, cuivre et étain.

158 — Quatre pièces : coupe sur pied, cuivre, bougeoir en cloisonné, boîte en cuivre émaillé, tasse en porcelaine.

159 — PIERRE ROUGE. Groupe : la Vierge assise tenant l'Enfant.

160 — Deux flambeaux balustres en argent, ornés de feuillages en relief.

161 — Trois statuettes.

162 — Éventail Louis XVI, ivoire et feuille peinte.

163 — Trente-quatre pièces : bijoux, cailloux du Rhin, et vingt-quatre boutons en acier.

164 — Six clefs.

165 — Cinq assiettes en étain.

166 — Jeu.

167 — Trois cannes à pommes d'ivoire sculpté.

168 — Six netzukés en ivoire.

169 — Petite portière orientale, en étoffe à fond rouge.

170 — Tapis-chemin d'Orient.